Inhaltsverzeichnis **Seiten**

Dieses Arbeitsheft gehört:

____

2 Schreibe zu jedem Buchstaben das erste und das letzte Wort

	Erstes Wort	Letztes Wort
A	der Aal	die Axt
B		
C		
D		
E		
F		
G		
H		
I		

	Erstes Wort	Letztes Wort
J		
K		
L		
M		
N		
O		
P		
Q		
R		

Schreibe zu jedem Buchstaben das erste und das letzte Wort

	Erstes Wort	Letztes Wort
S		
T		
U		
V		
W		
X		
Y		
Z		

Ordne die Wörter nach dem ABC. Achte auf den ersten Buchstaben.

Decke	Gans
~~Ball~~	fangen
elf	~~Abend~~

Abend

Ball

Schnuller	rollen
müssen	Pfanne
Hammer	kämmen

Löwe	Pinsel
Hamster	Feder
Mutter	Schule

Schreibe zu jedem Buchstabenpaar das erste und das letzte Wort

	Erstes Wort	Letztes Wort
Ap	das Apartment	
Di		
Ge		
La		
Pf		
St		
Tu		

Ordne die Wörter nach dem ABC. Achte auf den zweiten Buchstaben.

Experiment	Eule	graben	gut	toben	Tafel
~~Eltern~~	ernten	gießen	Gabel	Tier	Teller
Esel	etwas	Geld	Glas	Turm	tragen

Eltern

Schreibe die Bedeutung der Wörter

		Seite
S-Bahn	Schnellbahn	166
Gezeiten	Ebbe und Flut	
Ramadan		
Saturn		
Champion		
Dutzend		
Kfz		
Souvenir		
Foul		

Wie heißt das Gegenteil?

	Gegenteil	Seite
alt	jung	111
schwer	leicht	
reich		
dreckig		
richtig		
lang		
leise		
hoch		
falsch		

	Gegenteil	Seite
laut		
stark		
kurz		
heiß		
hart		
krank		
nass		
hell		
schnell		

10 Schreibe zu jeder Buchstabengruppe das erste und das letzte Wort

	Erstes Wort	Letztes Wort
Bed	bedächtig	
Ein		
Jap		
Nor		
Spa		
Ung		
Wec		

Ordne die Wörter nach dem ABC. Achte auf den dritten Buchstaben.

Birne	bitten
Bild	Biene
~~Biber~~	binden

Biber

Karte	Kasper
Katze	kalt
kaufen	Kaktus

Zucker	zusehen
zurück	Zunge
Zug	zupfen

Schreibe die Nomen (Namenwörter) mit Silbentrennstrichen

		Seite
	Ana-nas	44
	Ka-len-der	

		Seite

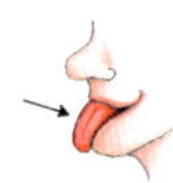		

Seite

Seite

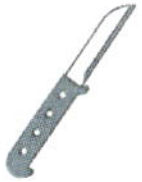

Schreibe zu jeder Buchstabengruppe das erste und das letzte Wort

	Erstes Wort	Letztes Wort
Ausg	Ausgabe	
Ents		
Hock		
Mitt		
Pfla		
Scha		
Verw		

Ordne die Wörter nach dem ABC. Achte auf den vierten Buchstaben.

schmal	Verein	aufführen
Schiff	verreisen	Aufzug
schlafen	verlieben	aufbauen
Schnee	Verkehr	Aufsicht
~~Schach~~	Versuch	Aufgang
Scherz	verteilen	aufheben

Schach

Was steht bei dem Wort ...?

		Seite
brüllen	er brüllt, das Gebrüll	64
England	die Engländer, englisch	
Gitter		
jagen		
mein		
Pinsel		
rechnen		
schlapp		
Wurst		

		Seite
duschen		
Flug		
heiraten		
Knopf		
oft		
addieren		
tauschen		
wippen		
Zahl		

Bei welchem Wort steht ...?

		Seite
Lenkung	lenken	126
Rettung	retten	
Rechnung		
Landung		
Hoffnung		
Einladung		
Zeichnung		
Forschung		
Ordnung		

		Seite
Teilung		
Meinung		
Drohung		
Zahlung		
Drehung		
Warnung		
Heizung		
Atmung		
Packung		

		Seite
bergig	Berg	57
kantig	Kante	
eckig		
luftig		
kurvig		
zornig		
farbig		
sandig		
giftig		

		Seite
eisig		
hungrig		
schattig		
neblig		
felsig		
lehmig		
zackig		
durstig		
achtzig		

Finde die Wortteile

		Seite		Seite
Sandkasten	Sand	165	Kasten	113
Brotmesser	Brot		Messer	
Haarfarbe				
Federball				
Kopfball				
Kinofilm				
Landkarte				
Apfelbaum				
Handschuh				

		Seite		Seite
Tiefgarage	tief	194	Garage	91
Blaubeere				
Altpapier				
Hochbett				
Wildente				
Vollmilch				
Kleinkind				
Kurzfilm				
Vollmond				

Finde die Wortteile

		Seite		Seite
Hüpfburg	hüpfen	107	Burg	65
Klebestift				
Badehose				
Springseil				
Kaufhaus				
Spielplatz				
Malkasten				
Turnschuh				
Schreibheft				

		Seite		Seite
Bootshaus	Boot	62	Haus	103
Zeitungspapier				
Geburtstag				
Heringssalat				
Adventskranz				
Eselsohr				
Spannungsbogen				
Eingangstor				
Lieblingsfarbe				

Suche im Wörterbuch Wörter mit gleicher Vorsilbe

begrüßen	**ab**schließen	**ver**stecken
bedanken	abbeißen	verabreden

entschuldigen	vorlesen	umarmen

ß wird wie ss geordnet. Suche die Wörter.

	Seite
reißen	____
Spaß	____
draußen	____
Fuß	____
gießen	____
heiß	____
Straße	____
Gruß	____

	Seite
Floß	____
stoßen	____
Maßnahme	____
heißen	____
weiß	____
groß	____
Fleiß	____
außerhalb	____

	Seite
Anstoß	____
schließen	____
beißen	____
süß	____
grüßen	____
schießen	____
bloß	____
fließen	____

Ordne die Wörter nach dem ABC

Fuß	spannend
Spaghetti	Spaß
Futter	~~Fuchs~~

Fuchs

Flosse	Beifall
Floh	beißen
Floß	Bein

heiraten	reiten
reißen	heiß
Reis	heimlich

<u>Ä</u>, <u>Ö</u> und <u>Ü</u> werden wie <u>A</u>, <u>O</u> und <u>U</u> geordnet. Suche die Wörter.

		Seite			Seite
	Bär				

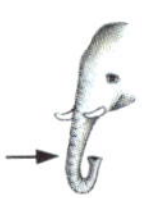					

Kugel	kühl	Hochzeit	Höhle	Märchen	malen
Kürbis	Kunst	höflich	holen	Matsch	mähen
Kuss	~~Küche~~	Hobby	hören	Mädchen	Mauer

Küche

Nomen - schreibe die Einzahl und die Mehrzahl

	Artikel	Einzahl		Artikel	Mehrzahl	Seite
	der	Hund		die	Hunde	107

Nomen - suche die Einzahl

Mehrzahl	Artikel Einzahl	Seite
Puppen	die Puppe	154
Nadeln	die Nadel	
Scheren		
Fische		
Kinder		
Hunde		
Tafeln		
Zoos		
Ohren		

Mehrzahl	Artikel Einzahl	Seite
Häuser		
Mäuse		
Stühle		
Wörter		
Städte		
Söhne		
Töchter		
Bäder		
Löcher		

Verben - suche die Grundform

	Grundform	Seite
gelegt	legen	126
badete	baden	
zeigte		
boxt		
erzählt		
fühlte		
gekratzt		
turnte		
dreht		

	Grundform	Seite
bezahlte		
hofft		
gegrüßt		
kletterte		
schüttelt		
gebohrt		
schimpfte		
genäht		
rennt		

	Grundform	Seite
pflegte	pflegen	149
gewartet		
rechnete		
spielte		
gesucht		
sammelt		
leuchtet		
gekauft		
führte		

	Grundform	Seite
pustet		
stellte		
kochte		
gemixt		
zeichnet		
schaut		
lernte		
mache		
hörte		

Verben - welche schwierigen Zeitformen stehen bei ...?

		Seite
halten	er hält, ich hielt, sie hat gehalten	102
trinken	er trinkt, ich trank, sie hat getrunken	
singen		
rufen		
laufen		
gehen		
fallen		
fliegen		
sitzen		

		Seite
werfen		
rennen		
sehen		
heben		
wiegen		
lesen		
ziehen		
riechen		
treffen		

Adjektive - suche die Grundstufe

		Seite
wichtiger	wichtig	218
lustiger	lustig	
am hellsten		
höflicher		
dürrer		
am kleinsten		
langsamer		
am vollsten		
müder		

		Seite
am feinsten		
netter		
am dicksten		
schneller		
am tiefsten		
bequemer		
am engsten		
am stillsten		
trauriger		

		Seite
weicher	weich	217
am dünnsten		
einfacher		
strenger		
spannender		
schräger		
am breitesten		
schmaler		
am lautesten		

		Seite
geiziger		
am reichsten		
gemütlicher		
am schönsten		
leichter		
schwerer		
am schiefsten		
sauberer		
schlauer		

Adjektive - welche schwierigen Steigerungsformen stehen bei ...?

			Seite
groß	größer	am größten	100
scharf	schärfer	am schärfsten	
jung			
schwach			
stark			
kalt			
warm			
kurz			
hart			

			Seite
wild	___	___	___
alt	___	___	___
teuer	___	___	___
sauer	___	___	___
nahe	___	___	___
hoch	___	___	___
gern	___	___	___
gut	___	___	___
viel	___	___	___

F, Pf, Ph oder V?

Seite

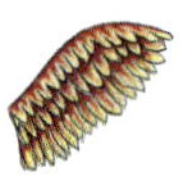

Seite

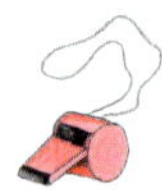

K, C oder Qu?

Seite

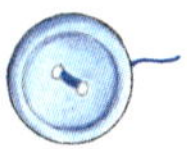

Seite

W oder V?

Seite

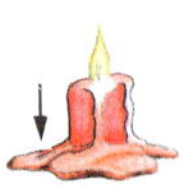

Seite

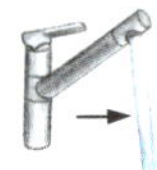

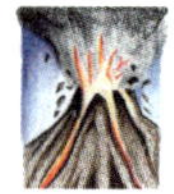

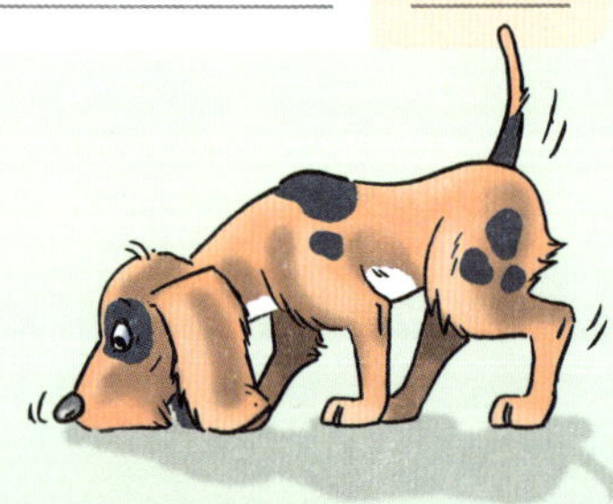

Sch, Sp oder St?

Seite

Seite

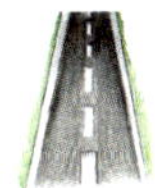

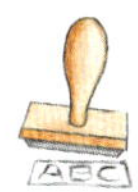

Schreibe die Länder zu den Hauptstädten

Stadt	Seite	Land
Dublin	73	Irland
Berlin		Deutschland
Wien		
Oslo		
Rom		
Kiew		
Paris		
Bern		
Sofia		

Stadt	Seite	Land
Brüssel		
Ankara		
Moskau		
Warschau		
Stockholm		
Lissabon		
Madrid		
Helsinki		
Bukarest		